田野を第二の故[illegible]百済国王を祀る

大宮大名神社の由来

櫻木 昭

鉱脈社

まえがき

宮崎市田野支所の少し東に『田野天建神社』があります。祭神は天児屋根尊（あめのこやねのみこと）・大国主尊（おおくにぬしのみこと）・朝鮮百済国王（くだらこくおう）の三座（宮崎県神社誌）です。

田野天建神社になぜ《朝鮮の百済国王》が祀られているのかと不思議に思いました。そこでこの「なぜ」を調べてみました。

田野町史にはこの天建神社のある所が宮ノ原と書かれています。宮ノ原には何時の頃からか「田野神社」という社が鎮座していました。一方、仏堂園の元倉という地には、百済王を祀ったという「大宮大明神」という神社があったそうです。明治四年になって大宮大明神を遷移してこの田野神社に合祀し、神社名はそのまま「田野神社」とされました。さらに大正三年には楠原にあった「天建神社」を田野神社に合祀して『田野天建神社』となりました。合祀の時に『大宮大明神』の神社名は無くなって、祭神のうち百済国王だけが田野神社に遷られたことになります。これで田野天建神社に朝鮮百済国王が祀られた経緯が判りました。

さて、次には、百済王がなぜ大宮大明神という神社に祀られるようになったのか?

その話は田野天建神社に伝わる『百済王族田野漂着譚』（以下・漂着譚）という古文書に書かれていました。原文は田野町史の上巻に対訳文と共に載せてあります。それをもとに、本稿の第一編にも概略を掲載しておきました。

　この漂着譚は元禄三年（一六九〇）に書かれています。王が亡くなった時の様子について同書には、「ある時、馬を堀井戸の中に乗り入れてしまい、人馬共に命を落とされた」「亡くなった王の遺体をこの地に葬りお宮を建てた」と書かれています。この地とは何処か？　漂着譚に書かれている田野の地名は「田野の里」と「この地」の二か所だけで具体的な地名は書かれていません。ある文書には持田と書かれていますが、その持田の地名も書かれていません。

　遺蹟と伝えられるものに、百済王終焉の場として片井野集落の南側耕地に《井戸跡》の石塔があり、黒石谷に百済王乗馬の蹄跡の残った岩があるそうです。この遺跡で判るのは、百済王の最後の地はどうも片井野あたりと思われますが、漂着譚にはそのことは書かれていません。

　江戸時代に大宮大明神が仏堂園の元倉に鎮座していたことは事実です。元倉在住の津田功さんの話では、『神社はもっと西に在ったらしい』とも言っておられました。


　以上、「田野天建神社」に何故「百済国王が祀られているのか？」の解明と、「大宮大明神」社の由緒を調べてみました。

　ところで、漂着譚の末尾には大宮大明神に奉祀する四人の神職名と関係者三名の名が書かれています。本稿ではこれら合計七名の人たちの系譜を書いてみました。

　本書では、大宮大明神の由来や社格、元倉の地と石塔などを第一編として書きました。また、本稿を書く目的の『七人の人たちの系譜』は、第二編として述べてあります。
※なお、元倉の字地を田野町の字地地図で調べたら元倉という字地はありません。仏堂園集落の南

部は田園地帯ですが、大部分は『村内』という字名です。津田邸の少し西から倉谷川畔までが芝原となっています。元倉の地名は昔から呼ばれていた地名と考えられますが本稿では元倉のままで書きました。

元倉の地にて
津田　功さん（右）と筆者（左）（平成23年３月７日）
当時、修験道を研究中の前田博仁さんと二人で津田邸を訪問した際に、ついでに供養塔周囲の竹藪を草刈り機で刈り取ったときの写真です。（撮影は前田さん）

最後になりますが、本稿の調査からまとめるにあたっては、田野町元倉在住の津田功さん、宮崎県民俗学会会長の前田博仁さん、その他先学の方の研究を参照して、多くの方のご支援とご助言をいただきました。あとがきに記しましたが、とくに津田さんとは私的にも関係が深くいろいろ教えていただきました。ここであらためて感謝申し上げます。

目次

田野を第二の故郷とした百済国王を祀る

大宮大名神社の由来

第一章　百済王族と宮崎

(一)　朝鮮半島からの渡来人

令和元年六月に発刊された『最新調査でわかった日本の古代史』という本がある。同書の『渡来人集団の倉庫だった？　市尾カンデ遺跡の大壁建物群』に、『朝鮮半島では高句麗・百済・新羅による争いが激化し、多くの人々が戦乱を逃れて日本列島にやってきた。こうした人々はかつて「帰化人」と呼ばれたが、現在は「渡来人」と呼ばれる。』と書かれている。

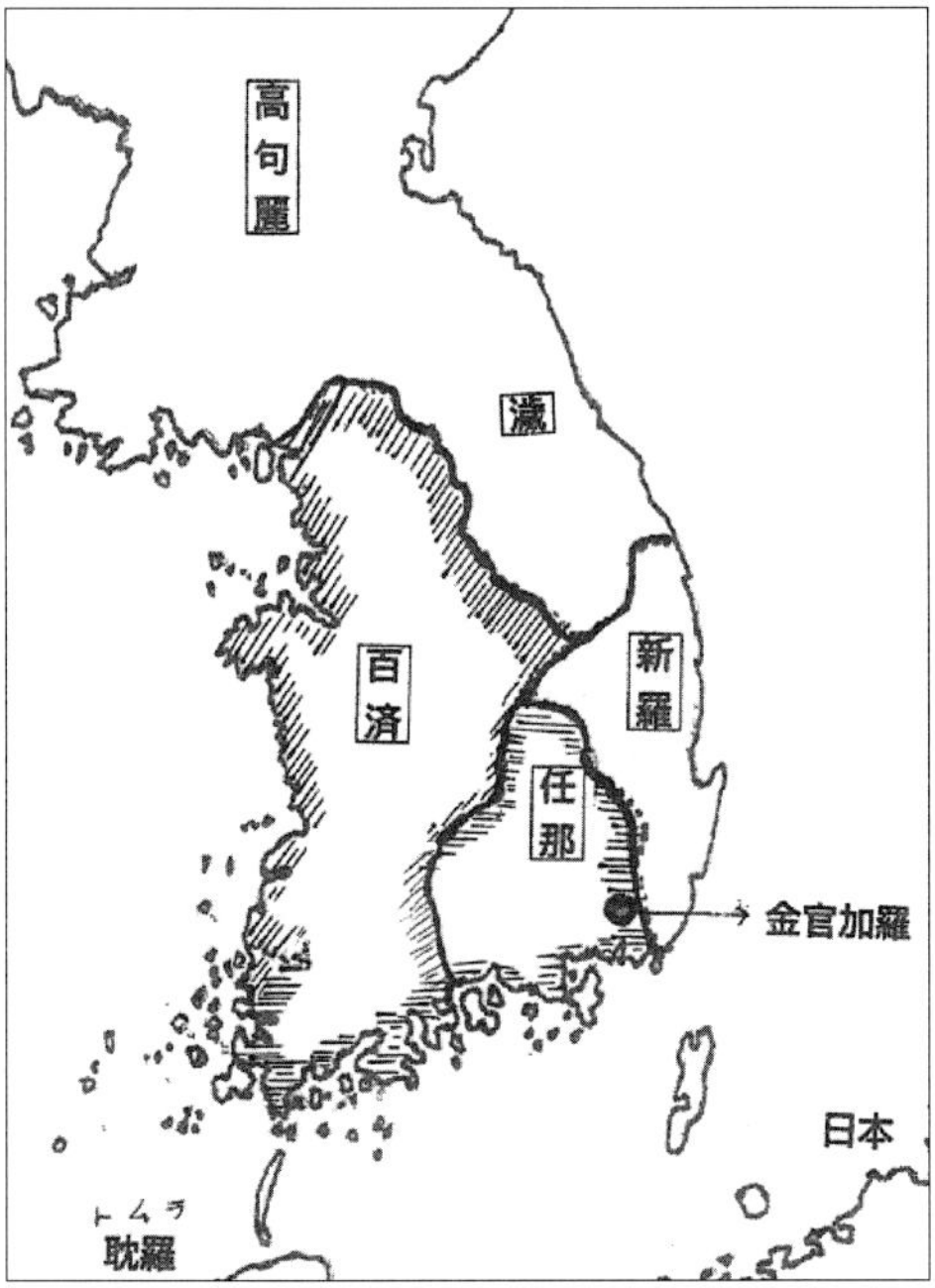

また、平成三十年十一月、奈良県高取町にある市尾カンデ遺跡で渡来人特有の「大壁建物」と呼ばれる建物跡が十六棟分出土したことが発表されたが、この発見によって朝鮮半島からやってきた渡来人の本格的な定住開始の時期が早まる可能性があるとして、「今までは渡来人が本格的に定住を

四世紀頃の朝鮮半島（模写）

開始したのは五世紀後半以降と考えられてきたのが、出土物の分析から四世紀末～五世紀初めに建てられたとみられる」と書かれている。

このように日本がまだ古墳時代の頃からすでに朝鮮半島から人物・文物の移入が始まっていた。特に百済滅亡（六六三）の前後からは百済から多数が渡来した。渡来人伝説は日本各地に伝わるが、このような国際情勢を背景として書かれたと思う。

(二)　宮崎県内の百済王族を祀る神社

宮崎県内にも百済王族渡来伝説がある。田野町以外では九カ所に伝わる。以下に『宮崎県近世社会経済史』（小寺鉄之助著一九五八年刊）から引用する。

①児湯郡西都市三納字宮後　芳野神社　［祭神・百済国聖明王ほか］
②同郡　高鍋町字北高鍋　毛比呂計（もひろげ）神社［福智王ほか］
③同郡　同　町字　上江　大年神社　［禎嘉王妃・福智王ほか］　※旧称大歳大明神
④同郡　木城町字　椎木　比木神社　［福智王・同妃・太子ほか］　※旧称比木大明神
⑤同郡　川南町字　川南　多賀神社　［百済人を祀る伝承］　※旧称白髭大明神
⑥東臼杵郡東郷村　山陰　山陰神社　［百済王家の壷を神宝とする］
⑦同郡　東郷村　山陰　伊佐賀神社　［福智王の弟華智王ほか］※この神社は山陰神社に合祀されている
⑧同郡　南郷村　神門　神門神社　［禎嘉王ほか］
⑨同郡　諸塚村七ツ山　諸塚神社　［高麗姿のおしなさん立像など］旧称七ツ山神社
・木城町字羽坂にオロシ子と称する処あり。百済王妃が御子を「まびき」されたと伝承する。

・川南町の奥地《韓館―カラヤッコ》に多数の百済人がいたと書かれている。近年、筆者が地元の方々に聞いたが知られていない。

①〜⑨は高鍋町の蚊口浦海岸と、日向市の金ケ浜に上陸した百済王の一族を祀る。一見して、日南市油津海岸からの渡来譚伝承は田野町のみである。

◆**比木**（ひき）**神社**には宝暦年間（一七五一〜六三）に書かれたという「日州児湯郡高鍋比木大明神本縁起」が伝承されているという。その縁起本には、百済王族渡来の時期を天平勝宝八年（七五六年）に厳島に、二年後に日向の比木に来たと書かれている。百済国滅亡の九十五年後の出来事になる。

(三) 百済王家の系譜（『百済王はどこから来たか』（南邦和著）による）

①温祚王（18〜28）―②多婁王（28〜77）―③己婁王（77〜128）―④蓋婁王（128〜166）―⑤肖古王（166〜214）―⑥仇首王（214〜234）―⑦沙伴王（234）―

⑧古璽王（234〜286）―⑨責稽王（286〜298）―⑩汾西王（298〜304）―⑪比流王（304〜344）―⑫契　王（344〜346）―⑬近肖古王（346〜375）―⑭近仇首王（375〜384）―

⑮枕流王（384〜385）―⑯辰斯王（385〜392）―⑰阿莘王（392〜405）―⑱腆支王（405〜420）―⑲久璽王（420〜427）―⑳毘有王（427〜455）―㉑蓋鹵王（455〜475）―

㉒文周王（475〜477）―㉓三斤王（477〜479）―㉔東城王（479〜501）―㉕武寧王（501〜523）―㉖聖　王（523〜554）―㉗威徳王（554〜598）―㉘恵　王（598〜599）―

㉙法　王（599〜600）―㉚武　王（600〜641）―㉛義慈王（641〜660）―㉜豊　璋

※最後の豊璋で32代になるが、百済敗戦時はまだ子供で日本在住中、王位についていない。

(四) 百済の建国と滅亡

★百済の建国は三四六年。十三代・近肖古王の時だった。日本では上古の仁徳帝（三一三～四〇〇）の時代にあたる。三六七年、百済が日本に使者を送る。三六九年、日本は出兵して百済と通交（任那(みまな)に日本府を置く）

★前述したように、日本に百済の人々が渡来し始めたのは四世紀の後半頃からとなる。飛鳥時代で、まだ古墳が築造されている最中だった。

★欽明天皇の五三八年には、百済の聖明王の使者が経典や仏像を献上している。聖明王とは右の系図では第二十六代聖王のことで純陀太子とも言われ、仏教に深く帰依していたと思われる。

★その頃の朝鮮半島は、百済に十年遅れて建国した新羅も入れて、高句麗・新羅・百済の三国が分立していた。六〇〇年代に入ると、高句麗・新羅が度々百済を攻め、日本も百済に援軍を送って戦った。この間、新羅は唐に援けを求め、唐が半島に侵攻を開始した。

六六三年、新羅・唐の連合軍が百済を攻撃。日本も援軍を送って百済軍と共に「白村江(はくすきのえ)」で戦ったが敗れて**百済は滅亡**した。

★百済王朝の期間は、十三代・**近肖古王**（建国）から三十一代・**義慈王**（滅亡）までの約三一〇年間であった。

第二章　百済王族と田野

㈠　百済王族田野漂着譚『田野町史　上巻』（昭和五十八年三月刊行）より概略引用

百済の国王が唐と新羅の軍に追われ日本国日向の油津に漂着した。ただ一人残った小姓に「ここは何処だろう」と問われると、折しも北方に聳える山に五色の雲がたなびいているのが見えた。「あそここそ私が住む処だ」と決めて歩き始めた。途中から険しい坂道になった。小姓は疲労が激しくなったので湧き水を掬って飲ませたらすぐに元気になった。この坂を「小姓の坂」という。ここは今も湧き水が出る。北河内で日が暮れたので一泊した。ここを「宿野」という。

翌日歩みを進めて鰐塚山の奥深くに分け入って行くと、五色の雲の下に岩屋が見つかった。此処で休憩していると、蔦を手にして動き回っている男たちに出くわした。男たちは八人いて田野から登って来た人たちだった。彼らは二人を見てご機嫌を伺ったが、言葉が通じない様子で黙っている。そこで手足に蔦を絡ませて「しゃくり舞」を踊って見せたらようやく笑われた。それから田野の里まで案内して仮の御殿を建てた。これが**田野大宮**で、また「しゃらくり舞」の起源である。百済の国で飼っていた鶴が跡（原文ママ）をしたって飛んで来て御宮を守護したのは不思議なことである。

王は月毛の馬を好まれ、乗馬してあちこちを御覧になった。ある時、馬を堀井戸の中に乗り入れてしまい、人馬ともに命を落とされたことは傷ましいことであった。その時の井戸は今でも残っている。

王をこの地に葬りお宮を建て「大宮大明神」として後々まで崇め奉ってきたのである。
昔から尊敬してきたのは、八重・佐野・片井野・松山・高野・楠原・本野・中畑、これらの在名を名乗る八人衆で、お祭りの時は社人より前に出座して勤めをなす。「山浦八人の弁指」というのはこの人たちである。

大宮司	**津田武蔵坊**
正祝子	**桜木十大夫**
権祝子	**落合五右衛門**
正　市	**関屋平太夫**

以上の者は代々神職を勤めるが、社人も多く賑やかである。大檀那である飫肥の伊東公より御供田として御田八石を頂く。

元禄三年八月二十日

作者	鵜戸山先別当　**実仙**
伝者	清武先大将川崎宮内**祐栄**
筆者	**円智坊勢賢**

※元禄三年（一六九〇）は比木神社の古文書より約六十年以前に書かれている。

(二)　大宮大明神関連の四基の石塔

田野町内には上記の漂着譚に関連する遺跡として四基がある。次ページの四基で、上段二基は大宮大明神関連の貴重な石塔、下段二枚は八人衆に関連する石塔である。

大宮大明神関連の石塔　4基

場所は左のページの黄●英字を参照。上右の墓塔は初め元倉の田中Aにあり

喜庵玄歓禅定門の板碑　黄D台地に移転安置

大宮大明神・愛宕山大権現供養塔
左頁の黄B地点　津田邸内に保管

正祝子・桜木十大夫の墓塔と思われる
仏堂園墓地の西　三角畑の中黄C地点

十大夫の子息の墓　同右　黄C地点（畑の中）

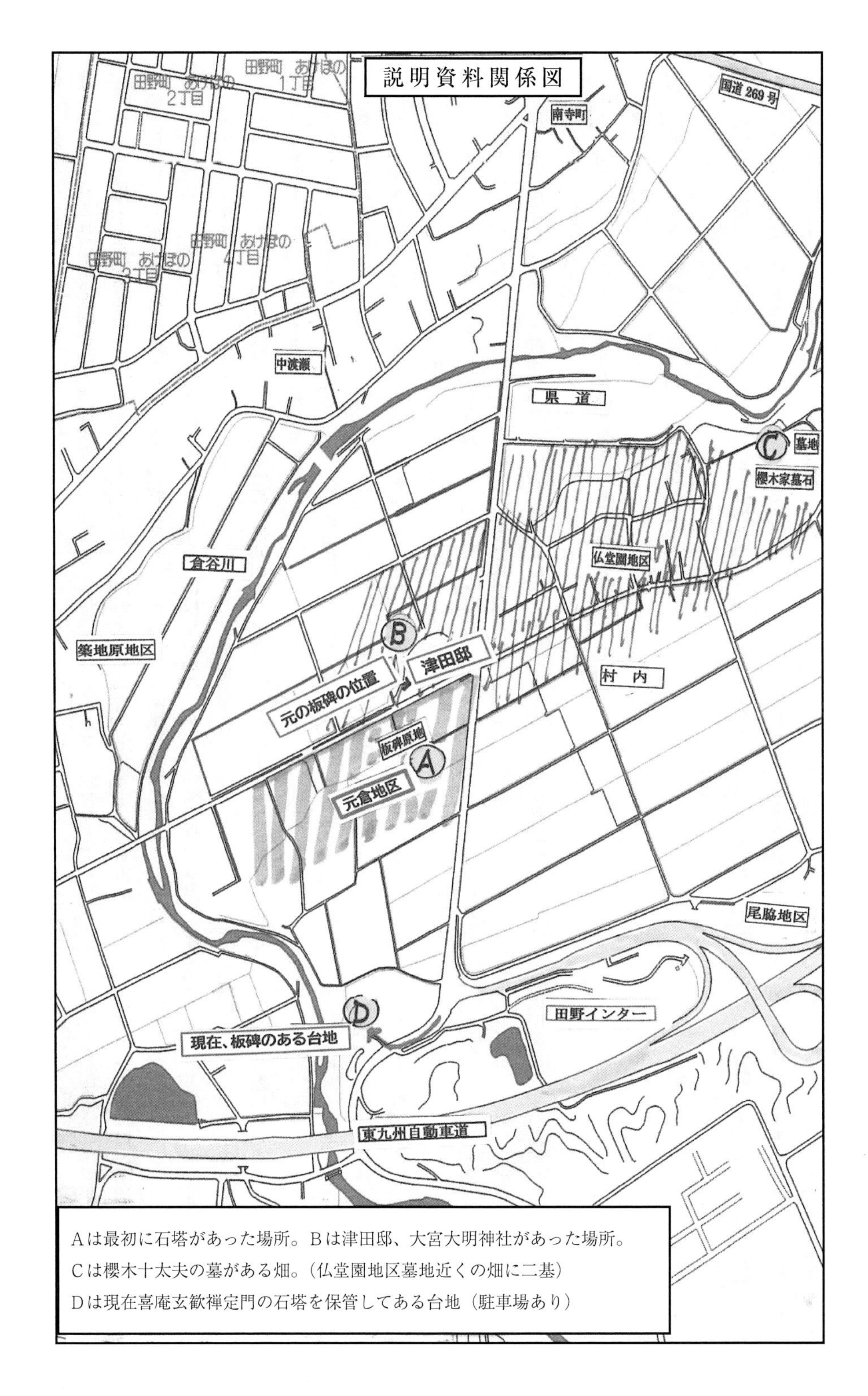

Ａは最初に石塔があった場所。Ｂは津田邸、大宮大明神社があった場所。
Ｃは櫻木十太夫の墓がある畑。（仏堂園地区墓地近くの畑に二基）
Ｄは現在喜庵玄歓禅定門の石塔を保管してある台地（駐車場あり）

第三章　田野王宮はいつごろ建てられたか

㈠　田野王宮の造営時期と社格を考える

漂着譚には、百済王が亡くなられた直後に村人たちが神社を建立して慰霊した、という記述になっている。六六三年に滅亡して渡来した百済王が田野にやってきたのは七世紀後半になるが、太平記などの文献から読みとれる当時の田野は、「日影月影」も射さない「大山」という所が田野だろうと言われる。とても王宮を建てるような安穏な所とは考えられない。王宮の造営は、高鍋や木城に百済王一族が渡来した時期と同じころの八世紀後半だろうと考えられる。ここではそれを前提にして考えたい。

①中世期には『田野王宮』

元倉に造営された大宮大明神は天建神社の古文書により元禄三年（一六九〇）には存在していた。後述する**櫻木家系図**の武英代に『天文十九年・主命ニテ田野王宮ノ祠官を蒙ル』という事書がある。さらに田野町史上巻には、明治三十五年に田野天建神社祠官の関屋栄松が県に提出した文書が記載してある。その概略は**関屋家系図**に公稔という人がいて、この人の代の事書に、『都於郡城司ノ命ニ依リ田野王宮ノ祠官』とある。

これには年号がないが、水尾崎の戦いは公稔の孫・忠公が天文十四年（一五四五）の飫肥城の戦いの最中に「水尾崎で討死」とあることから換算して、（一代を二十五年とすると、約五十年前）天文年間初期にあたる。一代十五年で換算して櫻木武英と同時期だったのかも知れない。任命したのは都於郡城司と書かれているから伊東十代の義祐が命じたことになる。義祐にとっては五月に京都に上り将軍足利義春に謁見している多忙な時期である。

系図の事書が事実なら、天文十九年（一五五〇）には田野王宮が存在していた。漂着譚が書かれた元禄三年よりも百四十年遡る。それでも百済滅亡から数えれば約八百八十年の隔たりがある。しかし資料も皆無で天文以前の何時ごろに王宮が創建されたかは調べようがない。百済王族の漂着時期は百済滅亡の前後の時期に限られる。やはり八世紀後半までには王宮が建造されたと考えるべきであろうか。ちなみに児湯郡に伝わる禎嘉王・福智王父子等の金ケ浜・蚊口浜上陸は奈良時代の天平宝字二年（七五八年）とされている。

この関屋・櫻木両家の系図には大宮大明神社ではなく**田野王宮**と書かれている。別々の家系図に同じことが書かれているのをみると、天文年間には「田野王宮」と呼ばれていたことになる。城主が直接に祠官を命ずるほどだから、田野王宮はそのころ既に有名な神社として崇敬が篤かったことがうかがえる。単なる片田舎の一神社がそれほどの崇敬を受けるには、やはり百済王族を祀るという特異な金看板があったからか。

②江戸時代には『大宮大明神』

藩政期に入ってから田野王宮は大宮大明神社と呼ばれている。

広辞苑で明神を引くと、「明神とは名神（明神）の転という」と書かれている。

そこで名神の項を見ると、『延喜式に定められた社格。名神祭にあずかる神々で、官国幣を奉られる大社から、年代も古く由緒も正しく、崇敬も顕著な神々を選んだもの。名神大社、また略して名神大ともいった』とある。

広辞苑の説明から考えると、大宮大明神社は年代も古く由緒も正しく、崇敬も顕著な神として有名だったことになる。田野大宮大明神に対して飫肥藩から元禄三年には八石、幕末には五石七斗を支給されている。

(二) 元倉に残る貴重な二基の石塔（14頁参照）

大宮大明神・愛宕山大権現供養塔

①大宮大明神（おおみやだいみょうじん）・愛宕山大権現（あたごやまだいごんげん）の供養塔（くようとう）

平成二年二月、津田邸を訪ねてこの石塔を調べた。現在、この石塔は津田邸敷地の西南角にある。津田邸の南に広がる田圃の字地を『元倉』と言うそうだが、この石塔はその元倉にあったのだそうだ。それでは粗末になると考えて屋敷内に保管したとの話だった。

塔身の銘文は次のとおり。

右側面　　享保十年八月
正　面　　梵字　奉建立　大宮大明神・愛宕山大権現　敬白
左側面　　弟子　八百八十人　野崎土佐右衛門

今から約三百年前の享保十年（一七二五）の建立。

止面の梵字はキリーク（真言宗では大日如来を表す）。

弟子八百八十人とは、大宮大明神の大宮司だった津田氏（修験道）の弟子と思われる。

建立者の野崎土佐右衛門はおそらく灰ケ野の方で、幕末の天保年間に別府田野村の庄屋だった野崎善右衛門の先祖と思われる。明治四年に大宮大明神が宮ノ原に遷移した際に、愛宕山大権現は今の宮崎自動車道インターがある丘に遷移された。その後、高速道路の工事で再び遷移して、現在は灰ケ野と堀口を結ぶ道路の途中に祀られている。恐らく野崎家の子孫の方が管理しておられると思う。

この石塔に書かれた「大宮大明神」については、どんな神社か知らなかったのだが、功さんから『百済王を祀った神社で、江戸時代までこの元倉に在った』など伺って初めて知った。

②田んぼの中に保存されてきた一基の板碑（いたび）

平成十九年正月六日の朝、津田功さんから電話が入った。『元倉の耕地企画整備事業（とか言われた）が決まった。ついては、あそこの田んぼに石碑が一本だけ立っているので調べてもらえないか』という話で現地に赴いた。地主さんも来ておられて早速三人で田圃に行ってみた。

なるほど田圃の中に真っ黒な石塔が傾いて立っている。この将棋の駒を縦長に引き延ばしたような

喜庵玄歓禅定門の板碑　黄Ｄ台地に移転安置

この形は『板碑』だ。元和五年（一六一九）の建立で、禅定門の位号は町内では希少。功さんは思案顔で『それでは、これもうちの屋敷にでも移そうかなア』と呟いておられた。

※村内地区の区画整備事業は、平成二十五年度に開始されて、令和二年度に完了した。

※この板碑は、仏堂園地区の方々、工事関係者の皆さんのご配慮により、現在村内の西南部の高台に保管されている。（15頁のD地点）

㈢　元倉の板碑について

塔身の文字は正面だけに三行書かれているだけである。

元和五年（一六一九）とあるから約四百年前の板碑である。江戸初期ではあるが、田野町に残存する記銘石塔では三番目に古い板碑になる。

心

元和五年　己未

為喜庵玄歓禅定門也

五月二日立是也

「喜庵玄歓禅定門ノ為ナリ」という銘文がある。この銘文は墓塔ではなく僑墓である。墓塔なら一般的に戒名の次に「霊位」が付くか、何も書かないかだ。

僑墓は別名《拝み墓》とも言われる。一般的には建立者名が書かれているものだが、残念ながら正面の銘文以外には何も書かれていない。

　田野町に残存する中世期の墓塔は持田・三角寺・仮屋・尾脇などの各地区に幾つかあるが、劣化が進んで銘文が読み取れない石塔が多い。

　田野町で年代が記銘してある墓塔で、歴史的価値のある石塔は二基だけ存在する。ともに町の文化財指定である。

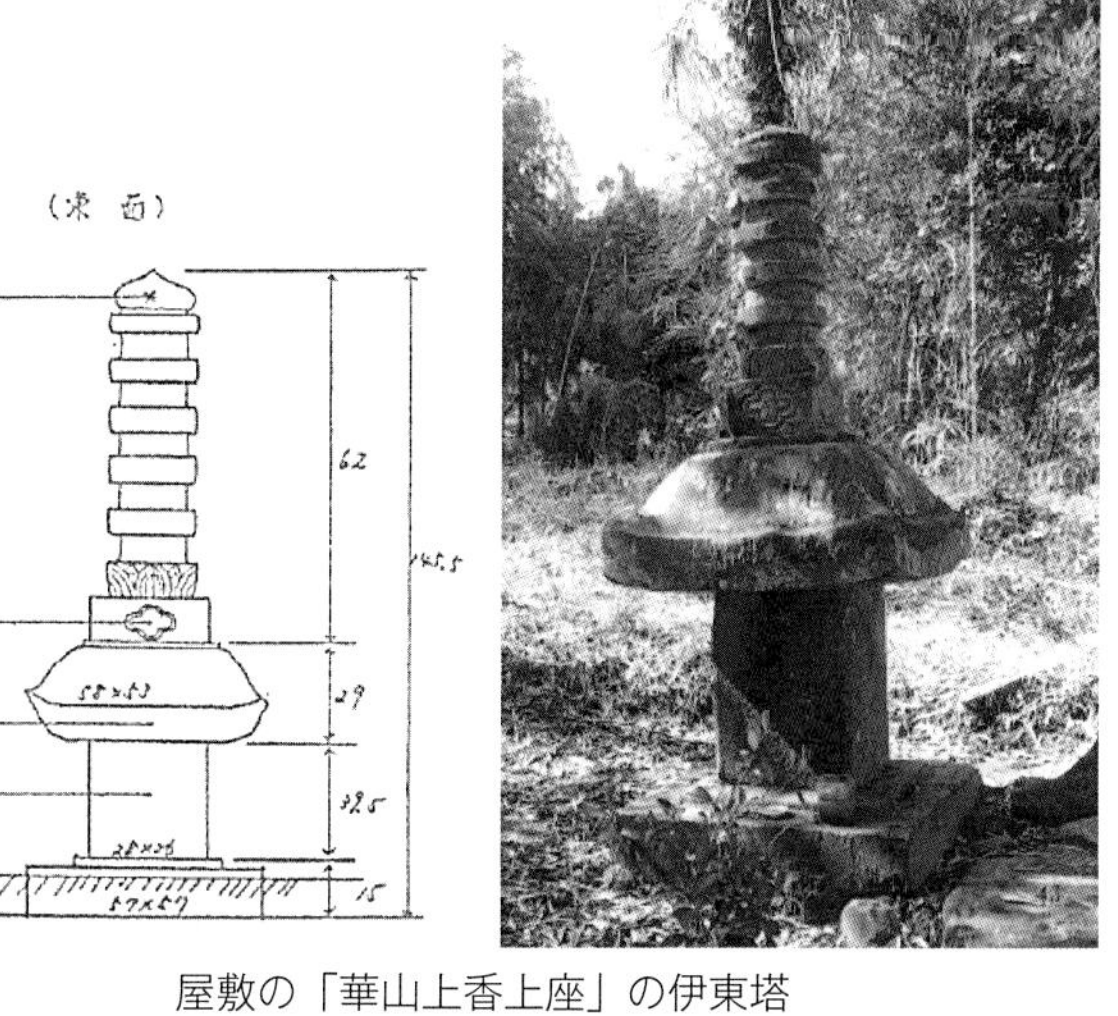

屋敷の「華山上香上座」の伊東塔

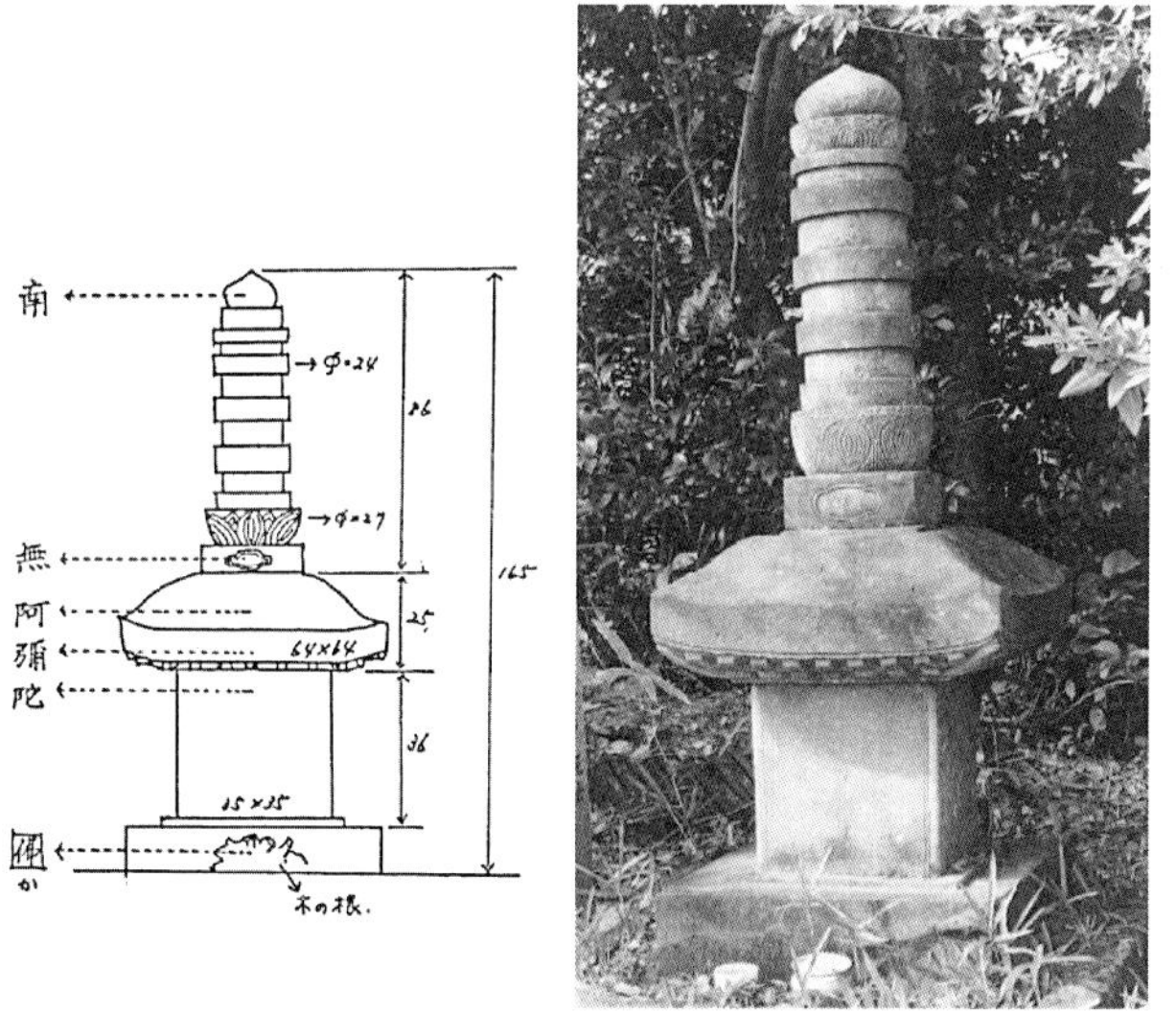

三角寺の「長倉河内守祐房」の伊東塔

伊東祐国の墓（上）と標柱

①上屋敷の伊東塔《華山上香上座》永禄十年（一五六七）真言宗か
②三角寺の伊東塔《**経阿弥陀仏**》天正四年（一五七六）時宗（浄土宗の一派）

共に伊東氏の重臣で、三角寺の伊東塔は田野城主・長倉河内守祐房の墓塔である。
長倉氏は伊東祐氏が播磨の長倉郷主となって長倉姓を名乗って分家筋になり、代々伊東氏の重臣として重用された。伊東一族の宗派は真言宗であるが、途中から時宗に帰依した家がある。田野の長倉氏は時宗で、伊東六代の祐国も時宗である。**都於郡の光照寺**に《重阿弥陀仏》という墓があるが、これが時宗・祐国の法名である。祐房と祐国の法名を並べてみると、時宗の墓式が理解できよう。光照寺には九代・祐吉の墓塔《**覚阿弥陀仏**》もある。

なお光照寺には時宗の高僧・同念上人の墓塔がある。天正十一年のこと。同念は荷駄夫も入れて総勢約三百人で薩摩から飫肥に入り、田野の三角寺に一泊している。翌日光照寺に着きこの寺の住職となって終生を過ごした。以降、光照寺は南九州有数の時宗の大寺院となった。

㈣　元倉の板碑の主は誰か

元倉の板碑に戻る。この元倉の板碑の主人公「喜庵玄歓禅定門」について私見を述べたい。

禅定門の位号が贈られている戒名の後尾に付ける居士、大居士・大姉などを「位号」という。喜庵玄歓には禅定門の位号が贈られている。

禅定門については39頁で説明するが、この位号を用いるのは禅宗系か修験道・真言宗系の場合が多い。その中でも禅定門の位号は地位の高い人物や名声を博した人に贈られる。一国の殿様級の人物なら大禅定門が贈られている。喜庵玄歓はその次のクラスの人物であろう。

そう考えるとこの大宮大明神を祀ってきた奉祀者の中で重要な地位にあり、高徳の人だったと考えられる。戒名から受ける印象は、非常に明るい性格で賑やか好きな人物だったのではないかと想像する。

第四章　百済王族田野漂着譚に書かれた人たち

(一)　大宮司・津田武蔵坊の系譜

漂着譚の末尾に神職四人の名が書かれているが、その筆頭者が《津田武蔵坊》となっている。津田邸の西に隣接して約三メートル四方のお堂が建っている。正面に木造の「役行者像」が祀られている。その他各種の用具が保管されている。殆どは修験道に使われる用具という。

津田家は代々大宮大明神社を祀ってきたが、これは津田家が修験道を継ぐ家系だったからである。『近世日向の修験道』（前田博仁著）という書物がある。日向の修験道がどんなものかを綿密に研究した貴重な一書である。同書を引用しながら津田家の修験道を述べたい。

同書によると、『修験道とは日本古来の山岳信仰が外来の仏教（密教）・道教・儒教などの影響のもとに、平安時代末に一つの宗教体系を作り上げたもので山岳修行による超自然力の獲得と、その力を用いて呪術的活動を行うことを旨とする実践的な儀礼中心の宗教である』と説かれている。そして、修験道は明治五年に廃止になったが修験道が民衆の中に溶け込んで風習となった部分は絶大で、一時の廃止などで変わるものではなかった。

以下に藩政期の修験道の状況を述べる。

天正十五年（一五八七）に伊東祐兵が飫肥地方・清武二十四郷を領有した。祐兵は、飫肥城の南にある愛宕山に「**祐光寺**」を建て修験僧「三部快永」を呼んで開山させた。快永は祐兵が豊後落ちした後の苦難の時期に苦楽を共にした行者だった。この祐光寺が飫肥・清武郷の修験者三二〇名を傘下に置いて大本院となった。

幕末期の清武郷の修験者には、田野の津田長正院・加納の南光院・郡司分の万福院・木原村の福寿院・船引の正実院（幕府領）などがいた。

殆ど一村に一人は宛がわれていたようで、その役割は祈祷だった。旱魃や豪雨からの祈雨・祈晴・害虫除けなどで、その他疱瘡除け・憑き物落とし・子宝祈願など庶民の切実な願い、その頼み先が修験者だった。

何年か前に前田さんと津田家の古文書を拝見したが、多くの修験道の印可状や呪文を書いた古書類があった。

津田武蔵坊については、田野町史・上巻に「やり手の壱岐武蔵坊」という見出しで書かれているが、同一人物で壱岐守の官職を得ていたと思える。葬儀の時の「正しい引導の渡し方」を書いたとあるが、大宮大明神縁起の作成を鵜戸山の実仙に持ちかけたのも武蔵坊ではないかとみている。

(二)　正祝子・桜木十太夫の系譜

十太夫の墓と思われる石塔が、仏堂園共同墓地近くの畑にある。14頁下の二枚の写真がそれである。書かれた文字は桜□□□夫だが、場所や年代から推して、桜木十太夫と見て間違いない。その採寸図を下

に示したが、台石も無くなって塔身の下部を畑地に埋められている。地面からの高さは六五センチ。宝永五年（一七〇八）は元禄十五年（一七〇二）の浅野浪士の吉良邸討ち入り事件から七年後の事。百済王族漂着譚が書かれた元禄三年からは十八年後になる。《透翁源達神男》の戒名だが、神男の位号は神道系と見える。

この十太夫の隣に享保十八年（一七三三）に亡くなった《義見常勇神使》の墓がある。「桜木阿…」の名が刻まれている。「阿」・「於」などは女性の名の最初に付ける場合が多い。この墓塔も地上高が六五センチで神道系の位号が付いている。十太夫の死から二十五年後になる。奥方の墓とも考えられるが、年齢差から考えて親子の墓と考えられる。

この近くには社か仏堂があったはずである。仏堂園の地名の元かもしれない。この墓石は仏堂の墓地にあって、二基は重要なものとして祀られたと考えられる。この畑は三角形だが、此処から西へ行って八十八ケ所（大正期の物）から北に坂道を降りるのが旧道の往還だった。昔はこの辺りが中心だったか。なお、役場から倉谷に通じる南北の道路は、大正末期に開通した道路である。

★櫻木家の系図から

櫻木の祖は藤原北家の房前から出ている。鎌倉初期の武英の代に、肥後国玉名郡に二十五町をたまわり、菊池姓に改姓した。南北朝期に入り武時・重時父子は鎮西探題の北条英時を討つため博多に攻め込んだが、少弐氏や大友氏らの協力が得られず孤軍奮闘の結果、武時は討死し重時も翌年死去した。武時の次男・武光はその後勢力を盛り返し大宰府を占領して探題として博多に赴いたが、今川了俊に圧迫されて肥後に帰った。応安四年（一三七一）、今川貞世が鎮西探題として大宰府に来て、武家方

（足利尊氏側）の戦力が強くなった。応安五年に今川・大友・島津の北朝連合勢と戦って武光は討死し菊池氏は四散した。

日向の米良山に逃れた一流は米良氏に改姓して伊東氏に召し抱えられた。米良一族は西諸県の須木・小林・野尻・高原などの城主になっている。

薩摩に逃れた菊池流は島津氏の旗下になった。島津は北朝方だったので、南朝方の菊池姓から黒木姓に改姓している。

黒木武休の代の事書に、『島津清久御代　福山郡代　五十八石ヲ玉ヒ　桜木庄ニ住ス　依ッテ櫻木ト号ス』とある。

さらに孫の秀武の事書に『庄内ニ住ス』と書かれている。

この二つの事書を比べると、おかしな事に気づく。武休が福山郡代として櫻木庄に行ったから「櫻木」と改姓したことになっているが、福山には櫻木庄はない。一方庄内の高城には櫻木庄がある。このことから櫻木に改姓したのは秀武が高城に移住した後が正しいと思う。

秀武の子孫は庄内の菓子町（畑中姓）・乙房（黒木姓）、須木・高千穂や児湯郡などに移住（米良姓・黒木姓・甲斐姓）する等して広範囲に居住している。秀武の次男・小平太兼武の代に高城から田野に移住して権太夫と改称している。

兼武の嫡男・武英の代の事書に次のように書かれている。

『権大夫　尾張守　主命ニヨリ田野王宮ノ祠官ヲ蒙ムル　天文十九年六月』

右は16頁にも引用したが、櫻木氏が大宮大明神社の神職になった最初である。次にその頃の前後関係を系図で示す。（ここでは系図の左側に事書を書く）

……黒木武休——武成——秀武——兼武

- 黒木武休：島津清久御代・福山郡代　五十八石ヲ玉フ
- 武成：応安五年合戦ニ功アリ　箭　十文字ノ紋ヲ玉フ
- 秀武：源大夫　庄内ニ住ス
- 兼武：日州小肥　田野ニ住ス　権大夫ト改

——武英——房重——兼房

- 武英：権太夫・尾張守　**田野王宮祠官を蒙ル**　天文十九年六月
- 房重：権太夫　河内守　**神祇管領　王宮ノ祠官**
- 兼房：桜木左近・三河守式部ト改　**代々神職相伝　十八神道ヲ伝フ**

——武近——武國

- 武近：同十郎右衛門　**王宮ニ仕フ**
- 武國：同清記　但馬守　後廣房ト改　**神祇管領　代々王宮ニ祠官ス**

※兼武の事書の日州小肥は日向飫肥のこと

武休の代、島津清久が福山郡代に任じた。この清久という人は、手元の島津氏系図からは出てこない。その子・武成の事書に応安五年の合戦に戦功を立てたと書かれているが、この合戦とは前頁の今川連合勢との合戦を指すが、この時はかつての旧家菊池氏ではなく敵方の島津氏の家臣として菊池氏と戦ったことになり、年代が合わない。また応安は北朝方の元号で、二年二月十七日で終わり、応安二年二月十八日に長慶元年と改元している。

武休～武成と続く時期の系図の事書は歴史的事実とずれている箇所が多いが、後代の子孫が新規に系図を作った際に起こった誤りであろう。

それより前述の系図を見ると「田野王宮祠官」とか「代々神職相伝」とかの事書がある。天文十九年に任じられた田野王宮の祠官は、中世期には代々櫻木氏も継いでいたようだ。

25頁に書いたように、伊東祐兵が祐光寺を建立して修験道の大本院とした時点で「田野王宮」は修験道の津田氏が管領を命じられた。

斯くして江戸時代は津田氏が大宮司、櫻木氏が正祝子、さらに落合氏・関屋氏等が大明神を運営する中核となって推移した。おそらく漂着譚に書かれた「山浦八人衆」の子孫たちも、その中で祭りの役員として奉祀したのではないか。

「田野王宮」が「大宮大明神社」に改称されたのは藩政期に入ってからで、全国的に主要神社が大明神に改称している。

系図には十八神道という言葉も書かれている。これによれば櫻木氏は神道系で津田氏が修験道系となる。

百済王族田野漂着譚に書かれた桜木十大夫の子孫は、墓が仏堂園に残っていることも考えると、仏堂園在住の櫻木家が直系と考えられる。

㈢　権祝子・落合五右衛門の系譜

権祝子（ごんのほうり）の権を、現代の別の職業で言えば「正・副」の副にあたる。

落合氏の出自は藤原南家だが、五郎兼康の代に落合姓に改姓して始祖となった。日向記には伊東氏二代・祐重（氏祐）が都於郡に下向した時、供奉した二十五人の家臣の中に落合彦徳法師・彦千法師の兄弟が書かれている。この落合彦徳法師が落合五郎兼康から十三代目の兼明である。弟の彦千法師は祐税という。祐税六代の孫に阿房守兼堅という人がいるが、「天文十八年四月に中ノ尾討死」の事書がある。中ノ尾は北郷町内之田から殿所の峠を越えて飫肥に入るとすぐに今町があるが、二丁目の浄念寺交差点から北側に登った丘の上が中ノ尾で、伊東勢と島津勢が激戦を繰り返して多くの死者を出した後に建てた供養塔が立っている。日南市の文化財にも指定されている。大きな供養塔が楠原の法恩寺墓地跡（伊東家墓地）に建てられている。

櫻木氏も藤原系だが落合氏は南家（武智麿）の弟の北家（房前）系である。さて、兼堅は四十歳で天文十八年に中ノ尾で討死しているが、翌年六月に櫻木武英が田野王宮の祠官に任じられている。そこで天文年間前後の落合家に『五右衛門』という人物がいたか調べたが見当たらない。兼税の兄・兼明の系統にも右衛門兼俊・九郎左衛門尉兼由・源左衛門兼位などの人物はいるが、五右衛門はいない。しかし出家して都於郡の光照寺の二代・三代の僧侶になった人は二人いる。神職の人もいたのかもしれない。伊東五代・祐堯が文安二年に門川城を落とした時に守将に落合治部少輔を置いている。翌年六月二十日には宮崎城に落合兼続を守将とした。彦左衛門兼続は兼税から三代目の孫にあたる。

伊東氏の歴史を集大成した古文書に「日向記」がある。永禄年間（一五五八〜）から五名の伊東家臣によって書かれているが、その中に落合兼朝・落合伊賀入道の二人がいる。義祐の側近で文筆・智謀に優れていた人物と思える。落合兼朝は兼税の二代目の孫で兼続の父にあたる。

元亀三年（一五七二）伊東氏凋落の原因となった木崎原合戦で討死した武将に落合源左衛門尉がいる。日向記には「山東惣奉行」と書かれている。落合源左衛門尉は兼明から十代目にあたり名を兼置という。宮崎市の北河内城福寺の長友家氏神境内にも落合源左衛門尉の供養塔があるが、同様な供養塔は小林高校北側の《伊東墓地》などにもみられる。この人の生前の人徳が推測できる。

手元の落合家系図ではここまでしか追えない。多分、田野在住の落合家の中に五右衛門の子孫がおられるとみている。

㈣　正市・関屋平太夫の系統

前項の落合氏で述べた「伊東祐重の都於郡下向」の二十五人の供奉家臣の中に関屋氏もいる。その後も伊東氏の家臣として働いている。

田野町史下巻に「田野神社旧神官関屋氏系図」の一部が記載されている。引用すると、

関屋民部
――公稔――――――――――――――公名――――――――忠公――――――――云々
都於郡城司依命田野王宮祠官
関屋兵部
兵庫ト改ム
兵部
天正六年ニ水尾崎ニテ討死

これは明治三十五年に宮崎県が調査したと思われる神社の由緒について、田野神社の社掌・宮田義男調達として提出された文書の一部である。

『……当社累代の旧神官・関屋栄松なる者所有の系図に依るに、その先代関屋兵部忠公、天正六年水尾崎にて討死とあり……』

と数行にかけて書かれている。

右系図の忠公の事書に「天正六年に水尾崎で討死」したとある。飫肥の水尾崎の戦いの天正六年（一五七八）は誤りで、天文十四年（一五四五）に行われている。

このように落合氏・関屋氏などは伊東氏の側近武将として、相次ぐ版図拡大の戦いに幾多の犠牲を

出しながら伊東氏を支えた。

同様の立場の家系は田野にはまだある。伊東一族の長倉家は勿論だが、天建神社の宮田家・西導寺の川添家など。それぞれの家系が、戦乱が終わって泰平の世になってからは神職や僧職に就いている。

関屋栄松は明治十年前後に藤野家に生まれた。少年期は西南の役が収まり、西洋文化が大量に流入し藩政期の諸制度を改めて明治二十二年の国会開設に向けての国づくりが進められていた時期である。

明治三十年頃に関屋ヒデと結婚（入婿）して関屋家を継いだ。関屋家は男三人・女三人の子宝でヒデは六人きょうだいの長女だった。男児がいながら長女に婿を取って跡継ぎにし、男の三人は他家に婿入りしているという、今の風習からみると不思議な婚姻関係に見える。

長男が明治三十四年七月二日に生まれて隼人と名付けられた。栄松は田野神社の神職となり、大正七年五月七日に他界した。その頃は第一次世界大戦の最中だった。時代が変って職業の選択肢が増え職業の世襲制度は薄らいでいた。隼人は神職を継いでいない。中世期から続いた神職の家柄は榮松の死をもって幕を閉じた。

㈤　書者・鵜戸山先別当実仙

実仙は、鵜戸山仁王護国寺の第四十一代別当である。この鵜戸山は仁王護国寺と鵜戸権現社を代々の別当が治めた。

鵜戸神社の創建は神代の崇神天皇の時代と伝える。日本建国の神々を祀る。以下、宮崎県神社誌所載の鵜戸神宮編の必要部分を引用する。

『光喜坊快久が第一世の別当となっている。以降九代までが天台宗で、後三代は真言宗仁和寺門跡が別当を兼任。以降は真言宗の別当が続き二十九世別当の時に、新義真言宗智山派に転じた。その頃から鵜戸山大権現は国内三大権現の一つとして両部神道の大霊場として広く知られて西の高野山ともいわれた。寺領一千石を越えたが、天正十五年、飫肥藩が伊東領となって以降は四三一石の地を寄進された。

　鵜戸山が**両部神道**で西の高野山と称される修験道場であったことから、奥州相馬生れの**相馬四郎義元**（正平六年［一三五一］生れ）が参籠して剣法を覚り一流を始めて念流と名づけた。のち慈音と号し念流から中条流・富田流・一刀流などが派生した。また室町時代の中ごろに、**愛州移香**は鵜戸に参籠し剣法の奥儀を極め陰流を編み出した。その後、**塚原卜傳・柳生宗厳**の新陰流が生まれた事から、鵜戸山は剣法発症の地として称えられている。

　明治維新の廃仏毀釈で権現堂・六観音を安置した本地堂をはじめ十八坊を数えた堂坊は廃棄され仁王門は焼かれた。明治のはじめ鵜戸神社と改称され、明治七年に官幣少社鵜戸神宮となり、同二十九年に官幣大社に昇格された。』

前に述べたように中世期の日向は、伊東氏が真言宗だった関係か真言宗寺院が多く必然的に社格の上の鵜戸山との交流が多かった。

古城の伊満福寺（いまふくじ）は都於郡の黒貫寺（くろぬきじ）・大塚の長久寺など末寺十二寺を置く真言宗の本山であったが、江戸期の住職には鵜戸山からの派遣僧も目立つ。例えば、五十二世・実彦法印－鵜戸山実真の弟子。五十八世・恵眼法印－鵜戸山別当隆珍の弟子。六十一世・隆哲－同隆珍の弟子など。

日南海岸を行くと宮浦という町を通る。此処には玉依姫命を祀った宮浦神社がある。この神社も藩政期には「宮浦大明神社」と呼ばれた。

天和四年（一六八八）三月に『宮浦大明神由来』が書かれている。この作者も鵜戸山先別当実仙である。

元禄三年に実仙によって書かれた『百済王族田野漂着譚』はその六年後の作になる。

㈥　伝者・清武先大将川崎宮内祐栄

清武町中野・文永寺跡の川崎氏墓地

先の大将とは、以前に清武の中野台地にあった飫肥藩の陣屋「清武役所」の長官だったことを指している。前にも述べたが伊東祐重が下向した時に供奉した二十五人の家臣の一人である。以降川崎家は伊東氏の重臣として幕末まで要職についていた。清武町中野の忠霊塔の立つ場所の近くに文永寺跡墓地がある。この墓地に川崎家代々の墓塔が並んでいる。清武町教育委員会の標柱と説明板も立てられている。

飫肥初代の祐兵は、天正五年に島津氏の侵攻の時に一族と共に都於郡城を逃れ、重臣達と共に縁戚にあたる大友氏を頼って豊後に落ちた。その後は伊予に渡りどん底の暮らしの中、川崎氏など家臣たちと共に祐兵自らも濁酒を造り奥方等は木綿の織物を織り、糊口を凌いだという。

※標中の河崎は川崎が正しい

四年後に意を決して姫路に渡り、三部快氷などの奔走で秀吉に仕える事ができた。山崎の戦い・賤ケ岳の戦いなどに戦功をたて秀吉から河内国の半田郷（今の大阪府枚方市）五百石を下賜された。この戦功の陰には川崎祐長・祐為親子・落合氏など従臣達の献身的な奮闘があった。

天正十五年、秀吉の九州征伐の折には勝手を知った祐兵や従臣たちの力を得て案内役を果たした。同年その戦功を評価されて飫肥を賜った。

この時これまでの戦功はひとえに川崎親子の献身の戦功があったればこそと、祐長を清武城主、祐為を曽井城主としている。

秀吉が朝鮮半島を侵攻した時は、祐兵も祐為など七百人を従えて参戦した。祐兵の甥にあたる伊東義賢・祐勝兄弟も参戦した。祐兵の父は伊東十代の義祐で、長子に義益がいた。義益は義祐の正妻の子で、十一代を継いだが二十四歳で早世した。そこで妾の子供である祐兵が跡を継いだ。

義賢・祐勝の兄弟は豊後落ちした折に大友宗麟の庇護のもと、キリシタンの洗礼を受けている。その後祐勝は安土の神学校に入学した。才能豊かで遣欧使節の候補に上げられたが、遠隔のため伊東マンショが替わった。

朝鮮の軍中では、祐賢の学識を買われ、対明交渉などで小西行長に重用された。二人の評判が広まるにつれ、祐兵の家臣たちは穏やかならず。陣中ひそかに談義して、義兄にあたる川崎祐為に暗殺を依頼した。祐為は遂に藩の安泰のために二人と毒入りの食事を取った。祐為は大食してその場で死んだ。やがて二人も体調を崩し帰国の途中で義賢は対馬から壱岐へ渡る船中で死に、祐勝は島根の濱でなくなっている。

川崎氏は伊東氏の治乱興亡の歴史の中にあって影の功労者であった。川崎祐為（権助）の墓も中野の川崎家墓地に建てられている。

先大将川崎宮内祐栄はこの祐為の孫で清武・中野役所にいたが元禄期には役を引退していた。

(七) 筆者 円智坊勢賢

鵜戸山の修験者で、飫肥修験の大本院祐光寺の傘下にあり、同じ飫肥修験者の仲間として田野の津田武蔵坊とも交流があった。六年前に鵜戸山近くの宮浦大明神で『宮浦大明神由来』が書かれたことを聞いた武蔵坊が、それならと実仙に頼んで《田野にも百済王が来ている》という話を物語風に作らせて勢賢が筆記したものであろうか。あるいは、その逆に実仙の方から武蔵坊に持ちかけたのかもしれない。現代風に言えば『村おこし』『寺社の宣伝』に書いたとも取れる。戦国時代が終わって漸く余裕のある平穏な生活ができるようになった元禄の世になってから、過去を振り返って地方の振興を願う風潮が広まった結果と考えている。百済王が日南海岸の油津から上陸したというのも鵜戸中心の考え方と思う。それとも歴史を忠実に書いたものか。

第五章　本稿に使った用語の説明　その他

(一)　百済王に因んだ田野の地名

漂着譚には、王が油津から歩いた途中に「小姓の坂」とか「宿野」などの地名が残っている。王が田野に居住した後にも同様の話が伝わっている。

①同じ仏堂園でも、西側の津田家付近を仏堂園とよばず「ハネタ」と呼ぶ人が多かった。ある日、乗馬が好きな王が馬で出掛けようとしたら突然馬が跳ねたので「ハネタ」の名がついた。

②やがて別府田野川を渡っていたら馬具の下平(したびら)が切れた。それで「下平川」とも呼ぶようになった。下平とは馬の鞍を固定する幅広の帯。さらに進んで行くと急な坂道にさしかかった。ようやく登りついた所で村人から丁重な歓待を受けた。この辺の人は「義理堅いのー」と言われたことから「片井野」となった。

◎この話にはもう一説ある。片井野に行くには今と違って険しい坂道だった。道が悪くて難儀したので「難いのう」と言われたから、ともいう。

(二)　シャクリ舞（シャラクリ舞）のこと

『日向の伝説』（瀬戸山計佐儀著）に次のように記されている。

百済の王は内乱を避けて日本に亡命された。船は日向国油津に着き、北方の山の上に五色の雲が昇るのをご覧になり、これぞ我が住むべき所ぞとおぼし召されて来たり住まれたのが田野で、その宮居の跡に建てたのが田野大宮大明神であると言われている。この里では月毛の馬を飼わぬ習いであり、井戸を掘らないのは、王の愛馬が月毛で、その馬から落ちて井戸の中に転げ込んで死なれたからだという。

このお宮の例祭には、シャクリ舞という神楽舞いを奉納することになっている。それは初め王がここにお越しの際、疲労困憊の末に蔦杖をついてしばらく岩屋の前に腰をすえられ、奇異の容貌をしておられたので、ご機嫌を伺ったけれども言葉は通ぜず、ただ黙然としておられた。そこで里人がお杖を取って手足もしどろなシャクリ舞いを演じてご覧に入れたところ、やっとお笑いになったという。

●**町興しへの提言**があった

文中に引用した南邦和氏の『百済王はどこから来たか』の文中に、百済王を顕彰するための町興し運動について書かれている。

南氏は平成十五年に田野町歴史サークル（木下功会長）に招かれて《田野の百済王事跡研修》の講師として百済王の事跡を巡っている。その後、サークルから町長宛に『百済王顕彰についての提言』を提出している。

その**具体案**は　①百済王に関する事跡の調査と管理　②関係個所に案内板の設置　③シャラクリ舞の復元、だった。

※シャラクリ舞は、町史ではシャラクリ舞とシャクリ舞の両方が書かれている。

(三) 禅定門（ぜんじょうもん）の位号とは

禅定門の《禅定》の意味は、
●修験道　険しい山（英彦山、立山などの霊山）に登って修行する事。
●禅　宗　禅定門は禅定法門の略で禅宗に帰依した人。または座禅・瞑想等で修業する事。
●位号について
故人に贈られる戒名は、一般的には三つの部分になる。たとえば《宮崎院田野元倉居士》という戒名の場合で説明すれば、

院号・道号	法号	位号
宮崎院	田野元倉	居士

喜庵玄歓禅定門のほかに、禅定門の付いた墓が町内に幾つあるか調べてみた。以前に田野町内の石造物を四百基ほど調査したが、その中では四基しかない。場所は下伊倉の愛宕様の下の藪中にある。

A，即心道秀禅定門　寛文元年（一六六一）九月九日　船ケ山　吉左衛門　五十八歳
B，貞一浄真禅定門　寛文元年（一六六一）九月九日　船ケ山　笹山戸左衛門　二十六歳
C，心光宗哲禅定門　延宝六年（一六七八）十月二十九日
D，安室妙全禅定尼　元禄四年（一六九一）五月二日

ＡＢの二基は船ケ山地区の住人で同日に亡くなっている。名前から判断すると武士だったようだ。

昭和二十年前後までは、高齢者たちは船ケ山地区を《かんば》と呼んでいた。この言葉を広辞苑で引いても記載されていない。多分南九州の言葉で、勘定場の略語と思う。藩の出先機関で主に生産物の集荷、運搬、売買などを行った。現在でも宮崎市内の中央公園近くに竹専勘場が営業している。船ケ山には小川があり岡船橋が架かっている。小川といっても昔は自然林が多く水量が豊かだった。近くには神社があって小振りながら青銅鏡が氏子の家に保管されている。証拠はないが、ここに清武役所の貢納所があり船便で往来したと見ている。ＡＢの二人は貢納所役人の可能性が高い。ＣＤの二基は場所と戒名からみて修行僧（真言宗）で、夫婦の墓塔と考えられる。地方の役人と巷間の修行僧になぜ高位の位号がついているのだろうか。

禅定門の位号は県内を調べても少ない。「大禅定門」となると希少である。一国一城の主級の位号になる。県内では、伊東氏と島津氏などの墓地に見られる。この中から幾つかを紹介する。

●土持高綱公の戒名
　梁山棟公大禅定門　真言宗　高鍋町・太平寺跡
●飫肥・伊東初代祐兵公
　心関宗安大禅定門　真言宗　日南市・楠原　報恩寺跡の伊東墓地
●都於郡伊東五代・祐堯公
　松窓融盛大禅定門　真言宗　西都市都於郡町・大安寺の伊東墓地
●北郷家三代・久秀公
　日山妙旦大禅定門　臨済宗　三股町梶山・大昌寺墓地
●北郷相久公

了山等玄大禅定門　　臨済宗　庄内町釣璜寺

※都城市の北郷（ほんごう）氏の墓地は都城盆地内にだけでも十二箇所、東京、鹿児島など県外に七箇所の計十九箇所にある。その殆どが臨済宗・曹洞宗で、曹洞宗では「大居士」「居士」の位号が多い。（禅宗には臨済宗と曹洞宗がある）

※浄土真宗では死者は阿弥陀の本願によってすでに救われているという宗旨だから、死後に殊更に戒名を与えるということはしない。それで戒名と言わずに法名という。

㈣　伊東塔について

近年は納骨堂式の寄せ墓になって希少になったが、以前は四十九日などの法事の時に墓参りをして卒塔婆（そとば）を立てる風習があった。

時代を経ると、この卒塔婆から五輪塔が考案され、以降その重厚さや思想的な観点から各地に広が

都於郡・大安寺墓地の卒塔婆

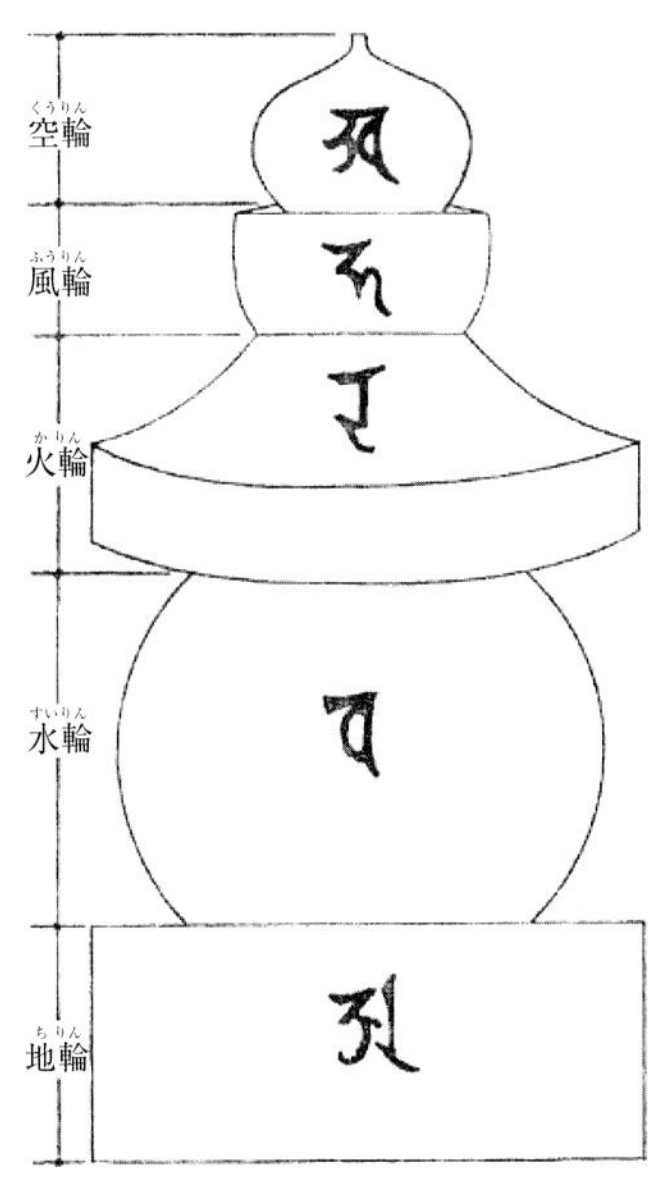

五輪塔の基本形と各部名称・梵字
キャ　カ　バ　ラ　ア

り、それとともに時代や地方的な型が造られてきた。
都於郡・伊東氏の墓石は「この五輪塔を基本としたデザインである。ただし、五輪塔の地輪（塔身）は球形が基本だが、伊東塔では直方体にした点が特異である。伊東氏の勢力範囲の武将は殆どこの形式である。なお最上部の空輪（宝珠）の上に何層もの輪を重ねた高い相輪を付けている点も独特と言える。

以下、伊東家の五輪塔変形型の伊東塔と、佐土原島津家の五輪塔を紹介する。

佐土原町・高月院の島津墓地

五代・祐堯公　初期の伊東塔

十一代・島津忠寛公　傘（火輪）に特徴あり

飫肥・長持寺墓地　後期の伊東塔

結び　ハネタ（元倉）のあれこれ

私は昭和四年の元日に生まれたそうです。気に掛かるので母に尋ねたら、その日は餅つきだったそうで二十八日頃だったのでしょう。その頃は家に産婆さんが来て生ませていた時代で、戸籍は家人が届けた通りでよかったらしい。両親はお目出度い日なので、うんと幸せに生きてもらいたいと願って元日にしたとは思っています。ところが……。

十五歳のとき陸軍少年兵として飛行学校に入校し、卒業して加古川の部隊に入った時に班長さんが『お目出たい日に生まれたもんだなア、お目出度い男になるなよ』と言われました。……なるな、とは悪い事だな、と思って『はいッ』と答えたもののその意味が判らないまま大人になりました。この年になってやっと判ってきたがもう間に合いません。最後に『田野大宮大明神』という言わば《おめでたい》神様の話を書いて帳尻を合わせたいと思いました。

子供の頃を田野村の中渡瀬で過ごしましたが、いつ見ても南向かいにはこんもりとした森が見えました。私たちはそこを仏堂園と言わずに《ハネタ》と呼んでいました。あるとき姉が「むかし朝鮮の王様がいて、馬に乗っていたら馬が跳ねたからハネタになったげな」と話してくれたのを覚えています。

縁とは不思議なもので、親同士の交流の関係で昭和三十年春に津田茂さんの媒酌で結婚しましたが、その前後に初めてあの**ハネタの津田邸**を訪問してご当主の茂さんと話をさせて頂きま

埼玉県蓮田市・六字名号塔にて

した。

その後、体調を崩して昭和五十九年に中学校の教職を退職しました。数年後にかねて手掛けていた石造物の研究を始めました。

丁度その頃、飛行学校時代の埼玉県の親友が送ってくれた「板碑のパンフレット」を見たら、板碑だけでも二万九千基残存していると書かれていました。そこで友人の案内で年に十泊ほど滞在して二年掛かりで埼玉県内を奥秩父までくまなく調べ歩き約四百基の板碑を収録しました。関東圏の板碑は荒川の長瀞で採石される「緑泥片岩」という薄緑色の岩石で造られていてとても綺麗でした。

平成二年に田野町全域の石造物を四百基ほど調べましたが、その過程で久しぶりにハネタの津田家を訪ねました。当時のご当主は功さんで、周辺のことを色々と話して下さいました。この辺は元倉という所で、南の田圃辺りに百済王を祀った「大宮大明神」という神社があった事など初めて知りました。朝鮮の王様とは百済の王様だったのか……。その後も折々にお訪ねして、功さんから多くのことをご教示頂きました。

平成十九年に元倉の田圃の中の板碑を調べて以降は、ちょうど宮崎県民俗学会会長の前田博仁さんも修験道について研究されていたので、一緒にお邪魔する場面も多かったのですが、功さんは何時も穏やかで和やかに接して下さった事をしみじみと有難く感じ懐かしく思っています。

残念なことに、平成二十九年八月に故人となられたことはまことに愛惜の思いに堪えません。心からご冥福をお祈りしています。

前田さんが研究された「**近世日向の修験道**」の書物は鉱脈社から平成二十八年に出版されて、私にも一冊贈られてきました。一読して、県内のみならず、御自分も修験者として国内の修験道に参加され多くの資料を纏めてあります。早速同書を引用させていただきました。

子供の頃聞いたハネタの朝鮮王の話。田野という異国の地で何を偲んで生きられたのでしょうか。百済王宮の成り立ちとその消長を追ってみました。

令和五年十二月

【引用・参考資料】

『近世日向の修験道』　前田博仁著（二〇一六年）　鉱脈社刊
『伊満福寺遺式』　前田博仁編　杉田真敏氏保管
『都城島津家墓地』　佐々木綱洋著（二〇一一年）　鉱脈社刊
『百済王はどこから来たか』　南　邦和著（二〇〇六年）　鉱脈社刊
『宮崎県史・日向記』　宮崎県（一九九九年）
『田野町史』　田野町（一九八三年）　ぎょうせい刊
『国東六郷満山』　吉野たづ子編著（二〇一六年）　図書出版木星舎刊
『都於郡伊東興亡史』　大町三男著（一九八四年）　小柳印刷
『日本歴史年表・地図』　児玉幸多編（一九九七年）　吉川弘文館刊
『宮崎県神社誌』　宮崎県神社庁編（一九八八年）　凸版印刷
『ゼンリン宮崎市版』　ゼンリン

著者略歴

櫻木　昭（さくらぎ　あきら）

昭和４年１月１日　東京府北豊島郡南千住町に生まれる
同　７年　宮崎市薬師通りに移住
同　８年４月　父、田野村役場に就職、一家は田野村に移住
同　10年４月　田野小学校に入学
同　12年７月７日　日中戦争起こる。
同　16年12月８日　太平洋戦争起こる
同　19年４月　大分陸軍少年飛行兵学校に入校　（15歳）
同　20年３月　同校卒業　兵庫県加古川市の部隊に配属
同　20年８月　終戦により帰郷
同　20年10月　宮崎農学校、３学年に編入学
同　22年３月　同校卒業、４月　宮崎師範学校に入校
同　25年３月　同校卒業　以降は小学校、中学校に勤務
同　56年３月　教職を退職　郷土史の研究に入る
平成期　２年をかけて埼玉県の奥秩父まで全域の板碑約400基を調査
郷土史の講師として各地の公民館等で講義
平成９年　田野町史続編の編集委員。平成12年発刊

現住所　〒880-0908　宮崎市谷川２丁目7-22
電話　0985-51-7849

田野を第二の故郷とした百済国王を祀る
大宮大名神社の由来

二〇二四年二月十　四日　初版印刷
二〇二四年二月二十六日　初版発行

著　者　櫻　木　　昭 ©
発行者　川　口　敦　己
発行所　鉱　脈　社
〒八八〇-八五五一
宮崎市田代町二六三番地
電話　〇九八五-二五-一七五八

印刷 製本　有限会社　鉱　脈　社